Ce Livre

Appartient à :

. . . .

50 Mandalas animaux Livre de coloriage Enfants 6 ans et plus

Livre à Colorier | 50 Mandalas sur fond noir | Soulager les dessins d'animaux . Livre de coloriage pour enfant 6 ans et plus avec animaux mandala ..éléphants, hiboux, chevaux, chiens, chats..